LE PLAT MYSTÉRIEUX

Dessins par Froment

Textes par Stahl

BIBLIOTHÈQUE et
MACASIN D'ÉDUCATION
et de recréation

Édit: J: Hetzel

Paris - 18 r: Jacob.

LE PLAT MYSTÉRIEUX

I. — TENTATION

La porte de l'office est restée ouverte. Marthe explique à son frère
qu'il y a un plat derrière les autres sur la planche d'en haut, dans lequel il doit
y avoir quelque chose de très bon.
Françoise la cuisinière n'a pas voulu dire à Marthe ce que c'était;
mais, dans la cuisine, ça sentait les poires au sucre. Si on allait voir?

II. — DANS L'OFFICE

On est entré dans l'office. Marthe montre tout là-haut l'endroit où est caché
le plat mystérieux. « Je crois en effet, dit Maurice, que ce doit
être bon. Françoise cache toujours les bonnes choses. — Et il y en a beaucoup,
dit Marthe, tu verras, le plat est grand comme un saladier;·
mais comment voir dedans? Une chaise ne serait pas assez haute;
il faudrait peut-être deux chaises, ou au moins
une chaise et demie. Comment faire? »

III. — BATTERIE DE SIÈGE

Marthe et Maurice dressent leur batterie; Marthe sera chargée de
tenir la chaise bien d'aplomb sur les tabourets, pendant que Maurice montera
avec précaution tout en haut.

Comme cela, il sera assez grand pour atteindre le plat,
voir avec les doigts ce qu'il contient,
et en faire part à Marthe.

IV. — ASSAUT

Tout va parfaitement.
La chaise est très solide, et Maurice, qui ne craint rien,
grimpe dessus, d'abord à genoux, puis ensuite tout debout pendant que Marthe
maintient l'équilibre et écoute...
car, si on allait venir!...

V. — DEMI-SUCCÈS

Voilà Maurice sur la chaise. « J'y suis, dit-il à Marthe,
je touche le plat, je crois que ça sent la confiture; mais pour voir tout à fait bien,
pour être sûr, il faudrait encore un tabouret. »
Marthe propose la petite chaise de sa poupée.

VI. — SUCCÈS COMPLET

« C'est juste ce qu'il faut, dit Maurice, je touche le plat ;
si c'est des poires, je vais t'en donner une, ne lâche pas la chaise. »
Marthe tient de toutes ses forces.

VII. — CHUTE

Les chaises des poupées, ça n'est pas solide,
cela a craqué sous les pieds de Maurice.
Maurice a glissé, il tombe, le plat tombe aussi. La poupée est épouvantée,
elle a vu que sa chaise était cassée,
qu'est-ce que cela va devenir?

VIII. — DÉFAITE ET PLEURS

Le plat et les chaises en morceaux, trois douzaines d'œufs sur le carreau,
un déluge gluant de jaunes et de blancs sur les têtes, sur les vêtements
des deux enfants; une grosse bosse au front de Maurice;
la poupée exaspérée! Et pas de poires au sucre! Pour comble de malheur,
la porte de la rue vient de s'ouvrir. Et si c'est la pauvre maman,
quel chagrin pour elle! Non, je ne veux pas savoir le reste.
La désobéissance, ça ne finit jamais bien.

J. HETZEL & Cie, Éditeurs, 18, rue Jacob. — PARIS.

Bibliothèque illustrée de Mademoiselle Lili et de son cousin Lucien.

ALBUMS STAHL

PREMIER ET SECOND AGES. — JEUNES FILLES. — JEUNES GARÇONS

Albums en couleurs, dessins de FROELICH, FROMENT, MÉRY, GEOFFROY, TINANT, BECKER, etc.

Prix : Cartonnés, 1 fr.

LE PLAT MYSTÉRIEUX.	LA REVANCHE DE CASSANDRE.	*CHANSONS ET RONDES*
LA GUERRE AUTOUR D'UN CERI-SIER.	UNE DROLE D'ÉGOLE.	*DE L'ENFANCE*
LES DEUX FRÈRES DE Mlle LILI.	LA GUERRE SUR LES TOITS.	
LE BERGER RAMONEUR.	ALPHABET MUSICAL de Mlle LILI.	SUR LE PONT D'AVIGNON.
ROBINSON CRUSOÉ.	UNE CHASSE EXTRAORDINAIRE.	LA MÈRE MICHEL.
TAMBOUR ET TROMPETTE.	LA REVANCHE DE FRANÇOIS.	LA MARMOTTE EN VIE.
LES CHAGRINS DE DICK.	LES PÊCHEURS ENNEMIS.	NOUS N'IRONS PLUS AU BOIS.
LES ANIMAUX DOMESTIQUES.	MADEMOISELLE SUZON.	M. DE LA PALISSE.
UNE MAISON INHABITABLE.	LA LEÇON D'ÉQUITATION.	LE ROI DAGOBERT. — MALBROUGH
L'HOMME A LA FLUTE.	GULLIVER.	GIROFLÉ, GIROFLA.
L'ANE GRIS. — MACHIN ET CHOSE.	M. DE GRAC.	LA TOUR, PRENDS GARDE.
DU HAUT EN BAS. — JOHN GABRIOLE.	LA PÊCHE AU TIGRE.	LA BOULANGÈRE A DES ÉCUS.
UN VOYAGE DANS LA NEIGE.	MÉTAMORPHOSES DU PAPILLON.	IL ÉTAIT UNE BERGÈRE.
LE PAUVRE ANE. — DON QUICHOTTE.	M. CÉSAR.	CADET ROUSSEL.
L'APPRENTISSAGE DU SOLDAT.	LE POMMIER DE ROBERT.	AU CLAIR DE LA LUNE.
	LE CIRQUE A LA MAISON.	COMPÈRE GUILLERI.

Albums en noir de 24 à 28 dessins. — *Prix : Cartonnés, 2 fr.; Toile dorée, 4 fr.*

DESSINS DE FROELICH

La Vocation de Jujules.	La Poupée de Mademoiselle Lili.	Monsieur Jujules à l'École.
La Mère Bontemps.	Mademoiselle Lili en Suisse.	Alphabet de Mademoiselle Lili.
Papa en voyage.	La Journée de Monsieur Jujules.	Arithmétique de Mademoiselle Lili.
Une grande journée de Mlle Lili.	Les Jumeaux. — La Fête de Papa.	Corf-Agile. — Le petit Diable.
Mlle Lili aux Champs-Élysées.	Un drôle de Chien.	L'A perdu de Mademoiselle Babet.
Mademoiselle Lili à Paris.	La Fête de Mademoiselle Lili.	La Grammaire de Mlle Lili (J. MACÉ).
Première chasse de Jujules.	Le 1er Chien et le 1er Pantalon.	Caprices de Manette (Île Chenevières)
Les petits Bergers. — Pierre et Paul.	La Crème au Chocolat.	La Journée de Mademoiselle Lili.

DESSINS DE FROMENT.

Scènes familières.	Nouvelles scènes familières.	Le petit Escamoteur.
Petites Tragédies.	Nouvelles petites Tragédies.	Le petit Acrobate.

DESSINS DE B. RATH.

Gribouille.	Le Docteur Bilboquet.	Les Méfaits de Polichinelle.
Pierrot à l'École.		Jocrisse et sa Sœur.

BECKER. — Alphabet des Oiseaux.	LALAUZE. — Le Rosier du petit Frère.
— Alphabet des Insectes.	E. LASNIER. — Chiens et Chats.
DETAILLE. — Les bonnes idées de Mlle Rose.	A. MARIE. — Le petit Tyran.
GEOFFROY. — Proverbes en action. — L'âge de l'École.	MATTHIS. — Les deux Sœurs.
Le Paradis de M. Toto. — Fables de La Fontaine en action.	MÉAULLE. — Robinsons de Fontainebleau.
GRISET. — Découverte de Londres.	TH. SCHULER. — Les travaux d'Alsa.
JUNDT. — L'École buissonnière et ses suites.	VALTON. — Mon petit Frère.

Albums gr. in-8° de 32 à 100 dessins. — *Prix : Cartonnés, 3 fr.; Toile dorée, 5 fr.*

Dessins de FROELICH.

Voyage de Mlle Lili autour du Monde.	id.	GRISET. — Aventures de trois vieux Marius.
Petites Sœurs et petites Mamans.	id.	— Métamorphoses de Pierre.
La Révolte punie.	id.	FROMENT. — La chasse au Volant.
Voyage de découvertes de Mlle Lili.	id.	CHAM. — L'Odyssée de Pataud.
		TH. SCHULER. — 1er Livre des petits Enfants.

PETITE BIBLIOTHÈQUE BLANCHE

Volumes gr. in-16 illustrés. — *Prix : Brochés, 1 fr. 50; Cartonnés toile genre aquarelle, 2 fr.*

ALDRICH. — Un écolier américain.	LERMONTER. — Bébés et Joujoux.
AUSTIN. — Joulotte.	LERMONSTER. — Histoires de huit Bêtes et d'une Poupée.
HETZOX. — Yette.	— Les Joujoux parlants.
DE BEAULIEU. — Mémoires d'un passereau.	LERMONT. — Mes Frères et moi.
BERTIN (M.). — Les Douze. — Les deux côtés du Mur.	LOCKROY (S.). — Les Fées de la Famille.
— Voyage au pays des défauts.	MAYNE-REID. — Exploits des jeunes Boërs.
BIGNON. — Un singulier petit Homme.	MULLER. — Récits enfantins.
DE CHATEAU-VERDUN. — M. Roro.	MUSSET (P. DE). — M. le Vent et Mme la Pluie.
CHERVILLE (De). — Histoire d'un trop bon Chien.	NODIER (Ch.) — Trésor des Fèves et Fleur des Pois.
GRÉLIX-LEMAIRE. — Le livre de Trotty.	OURLIAC (E.). — Le prince Coqueluche.
DICKENS (Ch.). — L'Embranchement de Mugby.	PERRAULT (P.). — Les Lunettes de Grand'Maman. —
DIGNY (F.). — La Patrie avant tout.	Les Exploits de Mario.
DUMAS (A.). — La Bouillie de la comtesse Berthe.	SAND (George). — Gribouille.
DURAND (H.). — Histoire d'une bonne aiguille.	SPARK (E.). — Fabliaux et Paraboles.
FEUILLET (Octave). — La Vie de Polichinelle.	STAHL (P.-J.). — Les Aventures de Tom Pouce.
GENIN (M.). — Un petit Héros. — Les Grottes de Plémont.	— Le sultan de Tanguik.
GENNEVRAYE. — Petit Théâtre de Famille.	STAHL ET WAILLY. — Contes de la tante Judith.
LA BÉDOLLIÈRE (De). — La Mère Michel et son Chat.	VERNE (J.). — Un hivernage dans les Glaces.

MAGASIN ILLUSTRÉ D'ÉDUCATION ET DE RÉCRÉATION

COURONNÉ PAR L'ACADÉMIE FRANÇAISE

Fondé par P.-J. STAHL en 1864

Abonnement d'un an : Paris, **14** fr.; Départements, **16** fr.; Union postale, **17** fr.

Les Nouveautés sont précédées d'un *

4421. — Paris. — Imp. Gauthier-Villars et fils, 55, quai des Grands-Augustins.